BEI GRIN MACHT SICH IHR
WISSEN BEZAHLT

Moderne und konventionelle Projektkommunikationsmethoden. Die Anwendung von Kollaborationstools im Vergleich

Johannes Schwarzmann

Bibliografische Information der Deutschen Nationalbibliothek:

Die Deutsche Nationalbibliothek verzeichnet diese Publikation in der Deutschen Nationalbibliografie; detaillierte bibliografische Daten sind im Internet über http://dnb.d-nb.de abrufbar.

ISBN: 9783346528766
Dieses Buch ist auch als E-Book erhältlich.

Druck und Bindung: Books on Demand GmbH, Norderstedt Germany
Gedruckt auf säurefreiem Papier aus verantwortungsvollen Quellen

Das vorliegende Werk wurde sorgfältig erarbeitet. Dennoch übernehmen Autoren und Verlag für die Richtigkeit von Angaben, Hinweisen, Links und Ratschlägen sowie eventuelle Druckfehler keine Haftung.

Das Buch bei GRIN: https://www.grin.com/document/1147358

Moderne und konventionelle Projektkommunikationsmethoden im Vergleich

eingereicht von

Johannes Schwarzmann

Hochschule:

Diploma – Studienzentrum München

Studiengang:

Bachelor of Engineering - Wirtschaftsingenieurwesen

Typ der Arbeit:

Hausarbeit

Studienfach:

Wirtschaftsinformatik

Abgabe: 13.07.2019

Inhaltsverzeichnis

Abbildungsverzeichnis

Tabellenverzeichnis

Abkürzungsverzeichnis

bezgl.	bezüglich
bspw.	beispielsweise
d. h.	das heißt
ggf.	gegebenenfalls
KPI	Key-Performance-Indikator
S.	Seite(n)
sog.	sogenannte(n)
u. a.	unter anderem
z. B.	zum Beispiel

1 Einleitung

1.1 Einführung und Problemstellung

In der aktuellen, schnelllebigen Zeit steht die Anpassungsfähigkeit von Unternehmen im Vordergrund, um konkurrenzfähig zu bleiben. Diese Anforderung birgt, u. a. in vermeintlich schwerfälligen Industrieunternehmen, Hürden im Kommunikationsprozess innerhalb von Projektarbeitsgruppen.

Für schnelle Reaktionen auf veränderte Bedürfnisse der Kunden sind konventionelle Projektdurchführungsprozesse und Projektkommunikationstools nicht ausgelegt, worauf der *Ruf nach Agilität*[1] in diesen Bereichen in den letzten Jahren immer lauter wurde.

Gewöhnliche Kommunikation in Projekten erfolgt nach einem festgelegten Schema – meist in Regelmeetings – an denen im ungünstigsten Fall gerade betroffene Personen verhindert sind. Somit stehen dem organisierten Informationsaustausch in jedem Fall zeitliche Hindernisse im Weg, die zumindest bis zum nächsten einberufenen Meeting reichen.

Nach *Hofert* kann man mit Methoden wie Kanban den agilen Forderungen gerecht werden[2].

Im Zuge der Digitalisierung der Arbeitswelt entstand mit Microsoft Teams ein Instrument, das den Ansprüchen dieser Vorgehensweisen, bei richtiger Anwendung, genügt.

1.2 Forschungsfrage und Zielsetzung der Arbeit

Im Vordergrund dieser Arbeit steht die Frage, welche positiven Auswirkungen die Nutzung von Microsoft Teams bei der Projektarbeit in Gruppen von max. 15 Personen hat.

Dabei werden in einem theoretischen Teil relevante Begrifflichkeiten geklärt und die unterschiedlichen Kommunikationskonzepte – konventionell zu modern – erläutert und gegenübergestellt.

---

[1] Vgl. Heer, Nora: Deutsche Unternehmen müssen agil werden, 01.10.2018, Bilanz – Das deutsche Wirtschaftsmagazin, unter: https://www.welt.de/181724298
[2] Vgl. Hofert, Svenja, Agiler führen. Einfache Maßnahmen für bessere Teamarbeit, mehr Leistung und höhere Kreativität, 2. Aufl., Springer Gabler Verlag, Wiesbaden 2018, S. 11.

Daraufhin werden die verglichenen Konzepte empirisch, mittels Umfragen in einer betroffenen Abteilung eines Industriekonzerns, untersucht und analysiert. Im Fokus der Umfragen stehen KPIs wie Kosten, Qualität und Zeit.

Letztlich gilt es herauszufinden, ob man mit Microsoft Teams Projektaufgaben schneller, flexibler und mit weniger Aufwand abarbeiten kann, als mit klassischen Kommunikationsmethoden.

2 Kommunikationsmethoden

2.1 Konventionelle Kommunikation in Projektteams

Projektkommunikation unterscheidet sich in formale und informelle Kommunikation.

Folgt man *Freitag*, zeichnet sich formale Kommunikation dadurch aus, dass sie geplant, organisiert und vorbereitet ist. Angewandt wird sie z. B. in Standard-Projektbesprechungen wie Kickoff-Meetings und Regelmeetings, aber auch zum Berichtswesen und zum Austausch mit Stakeholdern. Charakteristisch für formale Kommunikation ist ein definiertes Muster, d. h. zyklische Abstände, festgelegte Dauer der Meetings und vorab abgestimmter Inhalt, um einige Eigenschaften zu nennen.[3]

Aus den genannten Attributen lässt sich folgern, dass formale Kommunikation nicht sehr flexibel ist und kein besonders schnelles Change-Management zulässt.

Freitag erläutert weiter, dass die informelle Kommunikation – übermittelt bspw. mündlich oder durch Emails – die formale Kommunikation komplettiert. Sie ist einerseits schneller und flexibler, jedoch auch weniger glaubwürdig und exakt.[4]

Gegenübergestellt wird deutlich, dass beide Formen ihre Vor- und Nachteile haben (siehe Tabelle 1). Für eine bestmögliche Reaktionsfähigkeit auf die Anforderungen am Markt bedarf es der Unternehmen einer Methode, die alle dargestellten Vorteile vereint und gleichzeitig die Nachteile ausschließt.

---

[3] Vgl. Freitag, Matthias, Kommunikation im Projektmanagement. Aufgabenfelder und Funktionen der Projektkommunikation, 2. Aufl., Springer VS Verlag, Wiesbaden 2016, S. 202.
[4] Vgl. Freitag, Matthias, (FN 3), S. 203.

	formal	informell
Zeitliche Flexibilität	-	+
Mobilität	-	+
Dokumentationsqualität	+	-
Reaktionsfähigkeit	-	+
Ressourcenbedarf	-	+
Entscheidungsfähigkeit	+	-

Tabelle 1: Gegenüberstellung formale und informelle Kommunikation

2.2 Moderne Kommunikation in Projektteams mit Microsoft Teams

Bei der Verwendung des Collaborations-Tools Microsoft Teams für Projektkommunikation, ist die Kanban-Methodik als Basiswissen vorauszusetzen.

Enders zeigt auf, dass im sog. Kanban-Modell Arbeitsaufgaben auf Karten definiert werden und in einem Kartenpool zusammenlaufen. Jeder Mitarbeiter weist sich dann, nach dem Pull-Prinzip, so viele Karten zu, wie er bearbeiten kann. Somit ist gewährleistet, dass es keine Überlastungen gibt und eine Priorisierung der Karten stattfinden muss.[5]

Das Kanban-System findet sich in Microsoft Teams in digitaler Form wieder, d. h. jedes Projektteammitglied kann zu jeder Zeit neue Aufgabenkarten im Programm anlegen, priorisieren und ggf. auch zuweisen (siehe Abbildung 1). Der Vorteil des Programms ist die synchrone, automatisierte Information aller relevanten Teammitglieder per Email oder Push-Nachricht, wenn man eine Karte zuweist, den Status ändert oder einen Kommentar zur Aufgabe abgibt. Dies hat eine Maximierung der Reaktionsfähigkeit zur Folge.

---

[5] Vgl. Enders, Nicole, Collaboration mit Office 365. Konzepte, Werkzeuge, Lösungen, 1. Aufl., Rheinwerk Verlag, Bonn 2019, S. 60.

Außerdem ist eine hohe Dokumentationsqualität gegeben, da alle vorgenommenen Statusänderungen und Kommentare in der Karte nachverfolgt werden können.

Diese Abbildung wurde aus urheberrechtlichen Gründen von der Redaktion entfernt.

Abbildung 1: Beispiel für ein Aufgabenboard mit aktiven Aufgaben in Microsoft Teams (Enders, Nicole, (FN 5), S. 147)

Betrachtet man die Verwendung des Werkzeugs unter dem Gesichtspunkt der Mobilität, wird deutlich, dass eine örtliche Unabhängigkeit besteht, da sowohl online über den Webbrowser, als auch über Mobilgeräte mittels Apps (siehe Abbildung 2) auf das Planungsboard zugegriffen werden kann.

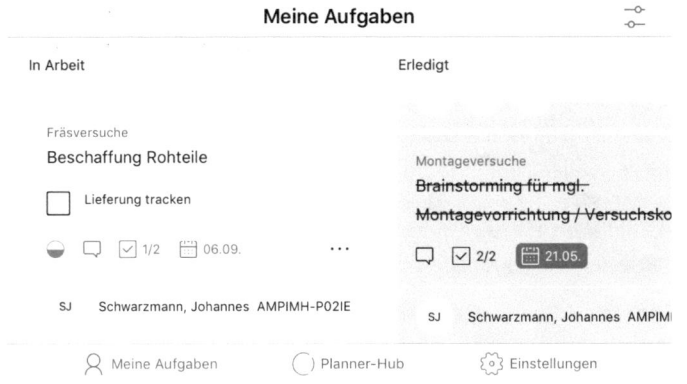

Abbildung 2: Screenshot aus einem Aufgabenboard der iOS-App

Die Ressourcenbindung ist bei der Nutzung des Tools als Projektkommunikationsmethode minimal, da Regelmeetings reduziert werden können. Der Informationsfluss erfolgt automatisiert, systematisch und zu jeder Zeit. Folglich orientiert man sich nicht an fixen Besprechungen, sondern arbeitet aufgabenorientiert von einer Karte zur nächsten.

Um Entscheidungen herbeizuführen und Informationen dafür zugänglich zu machen, ist es möglich, Entscheidungsträger direkt in der Karte zu erwähnen. Diese werden nun ebenfalls automatisiert über den Bearbeitungsstand der Aufgabe informiert und können umgehend reagieren. Besteht weiterer Erklärungsbedarf, gibt es die Möglichkeit im Programm – unter Verknüpfung von Skype – Meetings einzuberufen und schnell zu handeln.

Voraussetzung für die erfolgreiche Integration dieser Kommunikationsmethode in Projektteams, ist eine gewisse Affinität zur digitalen Arbeitswelt. Die gesamte Arbeitsgruppe muss das Werkzeug verwenden, da sonst mit einer Minimierung des dargelegten Mehrwerts zu rechnen ist.

2.3 Gegenüberstellung der klassischen und modernen Kommunikation

Unter 2.1 sieht man die unterschiedlichen Kanäle über die formale und informelle Kommunikation ablaufen. Die moderne Kommunikation mit Microsoft Teams verbindet diese beiden Formen – und damit alle Säulen der Mitarbeiterkommunikation – in einem Instrument.

Unter den Säulen versteht man nach *Enders* eine Aufteilung der Kommunikation in vier Kategorien.

Die zentrale Funktion bildet die Säule der Information.

Weiterhin gibt es die Dialogsäule, die u. a. direkte Reaktionen auf vermittelte Inhalte beschreibt.

Die dritte Charakteristik – Motivation – erreicht man über transparente und effiziente Kommunikation zwischen Mitarbeitern und Führungskräften.

Der letzte Aspekt ist der Wissenstransfer. Dieser entsteht durch Veröffentlichung und Teilen des Wissens im Team und führt zu einer erhöhten Motivation und verringerten Fluktuation.[6]

---

[6] Vgl. Enders, Nicole, (FN 5), S. 51.

3   Empirische Untersuchung

3.1   Umfrage zu den verglichenen Konzepten in betroffenen Bereichen

Zur methodischen Untersuchung des Kommunikationstools Microsoft Teams gab es eine Online-Umfrage bei einem deutschen Automobilzulieferer. Die befragte Abteilung befindet sich in einem Produktionswerk und arbeitet hauptsächlich in Projekten. Sie testet das Programm seit kurzer Zeit, um die Eignung für die Anwendung in der Projektkommunikation zu prüfen.

Die Untersuchung klassifiziert sich in KPIs wie Kosten, Qualität und Zeit. Es wird immer zwischen konventionellen Kommunikationsmethoden und der Verwendung von Microsoft Teams unterschieden.

Zusätzliche allgemeine Fragen gibt es in der Rubrik Sonstiges.

Die Teilnehmeranzahl von 17 Personen – allesamt männlich – unterteilt sich in Altersklassen von 20 – 50 Jahren, wobei knapp die Hälfte unter 30 ist (siehe Abbildung 3).

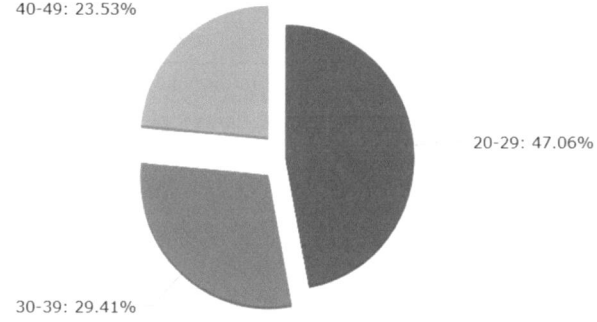

Abbildung 3: Alter der Umfrageteilnehmer

Der Großteil der befragten Personen arbeitet in Gruppengrößen von 6-10 Personen (siehe Abbildung 4) und knapp drei Viertel der Teilnehmer verwenden das Programm seit weniger als 6 Monaten (siehe Abbildung 5).

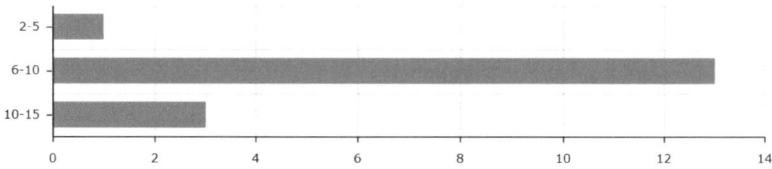

Abbildung 4: Projektteamgrößen der befragten Teilnehmer

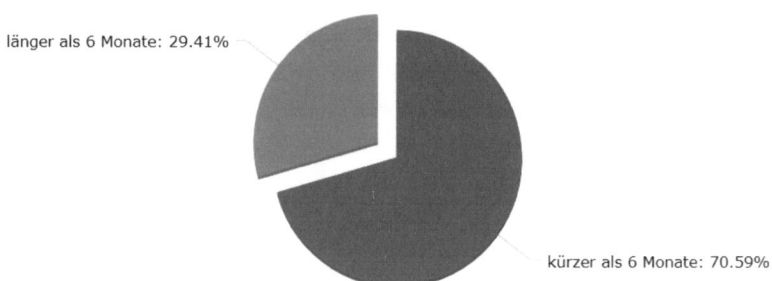

länger als 6 Monate: 29.41%

kürzer als 6 Monate: 70.59%

Abbildung 5: Nutzungsdauer von Microsoft Teams zum Umfragezeitpunkt

Zum KPI Kosten gibt es die Frage nach Ressourcenbindung. Bis auf einen Teilnehmer entschieden alle, dass konventionelle Kommunikationsmethoden in Projekten mehr Ressourcen binden und damit mehr Kosten verursachen, als die Verwendung von Microsoft Teams (siehe Abbildung 6).

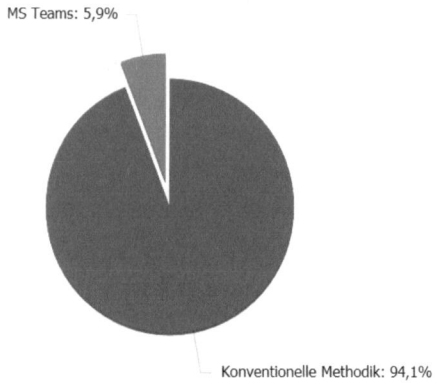

MS Teams: 5,9%

Konventionelle Methodik: 94,1%

Abbildung 6: Welche Methode verursacht höhere Kosten?

Der Faktor Qualität teilt sich in drei Fragen auf:

11

- Unterscheiden sich die Methoden in Bezug auf Ergebnisqualität (siehe Abbildung 7)?
- Mit welchem Instrument gestaltet sich die Dokumentation einfacher (siehe Abbildung 8)?
- Was eignet sich besser zur Entscheidungsfindung (siehe Abbildung 9)?

Unter den ersten beiden qualitativen Gesichtspunkten schneidet das Tool Teams sehr gut ab. Lediglich zur Entscheidungsfindung wünscht man sich eine Kombination aus digitaler Teamarbeit und Regelmeetings.

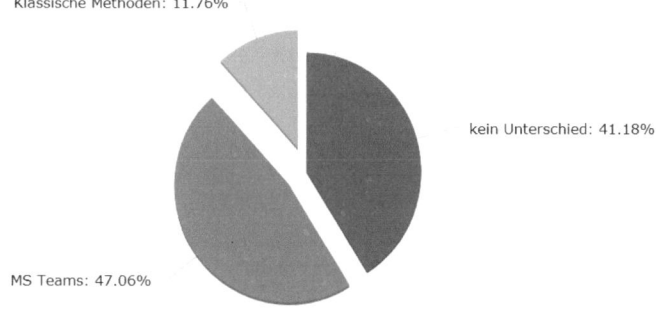

Abbildung 7: Welche Methode liefert qualitativ hochwertigere Ergebnisse?

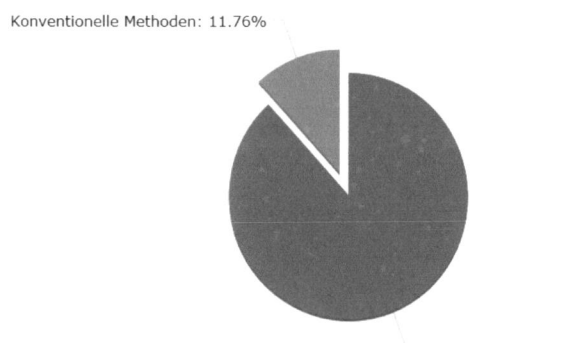

Abbildung 8: Wie gestaltet sich die Aufgabendokumentation einfacher?

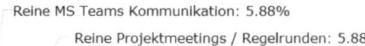
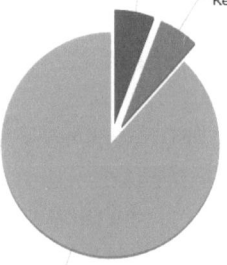

Abbildung 9: Beste Methode zur Entscheidungsfindung

Die Fragen zum zeitlichen Aspekt unterscheiden Durchlaufzeit von Aufgaben (siehe Abbildung 10) und Reaktionsfähigkeit auf Informationen (siehe Abbildung 11). Beide Fragen werden fast zu 100% zu Gunsten des digitalen Tools bewertet.

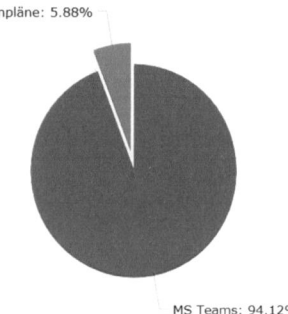

Abbildung 10: Mit welcher Methode erzielt man kürzere Durchlaufzeiten von Aufgaben?

Abbildung 11: Schnellere Reaktionsfähigkeit auf Informationen

13

Bei der Frage, welche Methode ein höheres Maß an eigenverantwortlichem Arbeiten verlangt, fällt das Ergebnis auf Microsoft Teams (siehe Abbildung 12). Konventionelle Projektkommunikationsmethoden setzen allerdings weniger methodisches Wissen (siehe Abbildung 13) und weniger Affinität zu digitalen Medien (siehe Abbildung 14) voraus.

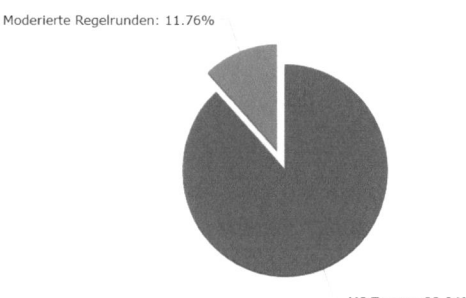

Abbildung 12: Welches Konzept verlangt mehr eigenverantwortliches Arbeiten?

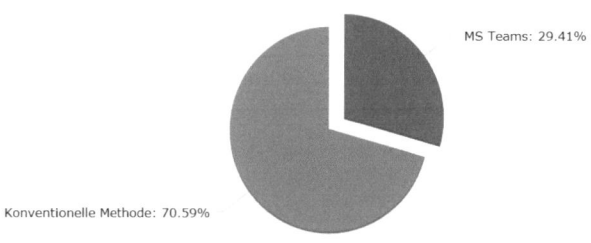

Abbildung 13: Wo wird weniger methodisches Wissen benötigt?

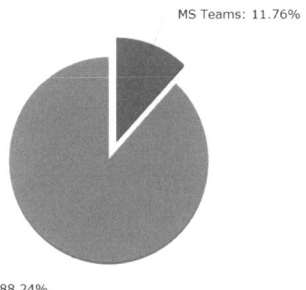

Abbildung 14: Benötigt geringere Affinität zu digitalen Medien

4 Zusammenfassung der Ergebnisse

4.1 Gewonnene Erkenntnisse und Fazit

Die Studie zeigt, dass hinsichtlich der Forderungen nach schneller Anpassungsfähigkeit, Agilität und Reaktionsfähigkeit in Projektkommunikation, Werkzeuge vorhanden sind, die die Umsetzung dieser Forderungen auch in großen Industriebetrieben vereinfachen.

Weiterhin ist es möglich, positive Nebeneffekte in Bezug auf Kosten und Qualität zu erzeugen.

Allerdings verdeutlicht das Umfrageergebnis auch, dass es z. B. bei der Entscheidungsfindung Potential im Zusammenspiel von gewöhnlichen und modernen Kommunikationsmethoden gibt.

Unumgänglich ist die Beschäftigung mit der Digitalisierung und die stetige Weiterbildung bezgl. digitaler Medien der Arbeitswelt.

Wenn außerdem Methodenwissen bei Mitarbeitern aufgebaut und vertieft wird, steht der digitalen Transformation auch in großen Unternehmen nichts im Weg.

Literaturverzeichnis

Monographien

ENDERS, Nicole: Collaboration mit Office 365. Konzepte, Werkzeuge, Lösungen. – 1. Auflage – Bonn: Rheinwerk Verlag, 2019
ISBN 978-3-8362-6634-5

FREITAG, Matthias: Kommunikation im Projektmanagement. Aufgabenfelder und Funktionen der Projektkommunikation. – 2. Auflage – Wiesbaden: Springer VS Verlag, 2016
ISBN 978-3-658-13388-7

HOFERT, Svenja: Agiler führen. Einfache Maßnahmen für bessere Teamarbeit, mehr Leistung und höhere Kreativität. – 2. aktualisierte Auflage – Wiesbaden: Springer Gabler Verlag, 2018
ISBN 978-3-658-18561-9

Internetquellen

HEER, Nora: Deutsche Unternehmen müssen agil werden. Bilanz – Das deutsche Wirtschaftsmagazin, 01.10.2018
URL https://www.welt.de/181724298
zuletzt abgerufen am 11.07.2019